DIESES BUCH GEHÖRT:

_____

1. Auflage 2015
© Ueberreuter Verlag GmbH, Berlin 2015
ISBN 978-3-7641-5061-7

Herausgeberin: Kathrin Köller
Idee & Text: Kathrin Köller
Umschlag- und Innenillustrationen: Julia Dürr
Grafikdesign und technische Umsetzung: finedesign — Büro für Gestaltung, Berlin
Druck und Bindung: Factor-Druk, Kharkiv

Fotonachweis:

Shutterstock: © Kokhanchikov (S. 10 und S. 42), © Julia Remezova (S. 11 links und S. 42),
© Lilac Mountain (S. 13), © Amramova Kseniya (S. 15 oben rechts, S. 18), © Eric Isselee
(S. 16 oben), © DragoNika (S. 17 oben), © zuzule (S. 20 oben), © Eric Isselee (S. 21 links
und S. 40 links), © tandemich (S. 22 oben), © loflo69 (S. 22 unten und S. 23 unten),
© McCarthysPhotoWorks (S. 27), © Lilac Mountain (S. 34), © Alexander Cyliax (S. 36 oben),
© Jana Mackova (S. 38 unten), © Michael C. Gray (S. 40 unten)

Fotolia: © Carola Schubbel (S. 12 unten, S. 14, 15, 19, 20), © Anastasya Sh (S. 12 oben),
© Cornelia Pretzsch (S. 16 unten), © anakondasp (S. 21 rechts), © Picture Partners
(S. 29 oben und S. 43), © Bernd Leitner (S. 29 Mitte und S. 43), © Anna Panke (S. 28 oben
und 29 unten), © Clarence Alford (S. 38 oben)

iStockphoto: © jessicabaron (S. 11 rechts und S. 42), © mari art (S. 24 oben), © Terry J Alcorn
(S. 24 unten), © John Alves (S. 25 oben), © Iteachphoto (S. 25 unten), © Picture Partners
(S. 28 unten und S. 43), © visionsofmaine (S. 32, 33 und 35), © miskokordic (S. 40 oben),
© JenniferPhotographyImaging (S. 41)

Übrige: © Zoo Berlin (S. 23 oben und Mitte), © Spanische Hofreitschule/Michael Rzepa
(S. 36 unten), © Spanische Hofreitschule/Julia Brass (S. 37 oben), © Spanische Hofreitschule/
ASAblanca.com_René van Bakel (S. 37 Mitte und S. 43), © Spanische Hofreitschule/Herbert
Graf (S. 37 unten und S. 43)

LESEFORSCHER A

entdecken – staunen – lesen lernen

Kathrin Köller

Galopp!

Auf in die Welt der Pferde

Mit Illustrationen von Julia Dürr

Filu

LESE-
FORSCHER

FUCHS

ueberreuter

HIER KOMMT FILU!

So. Jetzt aber hopp, hopp.
Papa sagt, ich soll noch aufräumen.
Der hat vielleicht Nerven!
Ich bin kurz vor dem Abflug.
Mein Raumschiff steht schon bereit.

Inhalt

Das ist mein **Spezial-Raumschiff**.

Mit allem, was man für **Forscher-Reisen** braucht.

Aber wartet mal, ich muss euch noch was zeigen.

Hier kann man einstellen, wo man hin will.

ZIEL-SUCHE...

Indianer – Ich liebe Indianer.

Hoffentlich mögen die auch Füchse.

Wüste Gobi – Was soll ich denn da?

Da gibt's doch bestimmt keine Pferde.

Polizei – Pferde bei der Polizei? Respekt.

Mein **Tiersprachen-Übersetzer**.
Version 3.0. Ich habe mir schon mal
die **Pferdesprache** runtergeladen.
Damit versteht mich jedes Pferd.

10, 9, 8, 7 ... Hurra, es geht los.
Anschnallen!
Füße in die **Steigbügel**!
Pferde, ich komme!

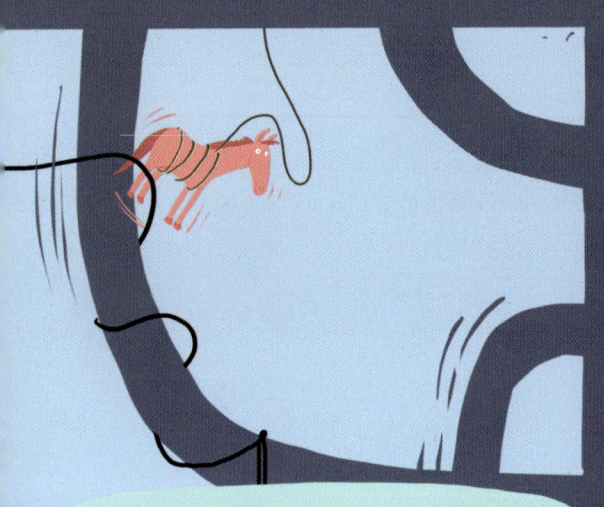

Ich glaub, mich tritt ein Pferd. Wusstet ihr, dass es ungefähr 280 verschiedene Rassen gibt?

Marwari 23  1

Die Marwaris kommen aus Indien. Sie sind schnelle **Reitpferde** und besonders mutig. Man erkennt sie an den spitzen **Sichelohren**.

Marwaris drehen beim **Galoppieren** die Ohren nach hinten. So kommt kein Sand hinein.

PFERDE-SPRACHE

Friese
34 ⊌ 5 ⊍

Friesen sind eine sehr alte **Pferderasse**. Schon die Römer und die Ritter mochten sie. Weil sie so schön und stark sind.

Alle **Friesen** sind schwarz – von Kopf bis Huf. Sie haben lange Mähnen und man kann ihnen tolle Frisuren machen.

Appaloosa
98 ⊌ 2 ⊍

Die Appaloosas sind schöne und treue Pferde. Sie kommen aus Amerika und wurden von Indianern **gezüchtet**.

Appaloosas haben wilde Muster. Manche sind weiß mit schwarzen Flecken. Andere haben vorne eine andere Farbe als hinten.

TUCHS

Aua. Das Landen muss ich noch üben. Aber hallo, Pferde. Hier bin ich richtig.

HANNOVERANER

Sport ist mein Leben! Ich kann sehr schnell rennen. Manchmal schaffe ich bis zu 70 **Stundenkilometer**. Auf **Turnieren** springe ich auch über Mauern und Gräben.

Die Pferde einer Rasse sehen nicht alle gleich aus. Es gibt ganz verschiedene Farben. Jede Farbe hat einen eigenen Namen.

BRAUNER

DUNKLE HAARE
BRAUNES FELL

SCHWARZE HAARE
SCHWARZES FELL

RAPPE

SCHIMMEL

WEISSES FELL

MAULTIER

Wie? Ich soll kein Pferd sein? Sag das nicht meiner Mutter! Die ist nämlich ein Pferd. Dann hat sie sich in einen Esel verliebt: meinen Vater.

Maultiere, Füchse? Wen ich wohl als Nächstes treffe?

FELL UND HAARE: HELL

ISABELL

SCHECKE

FELL MIT FLECKEN ODER PUNKTEN

FUCHS

ROTBRAUNES FELL HELLE MÄHNE

In Ponyhausen

Wo bin ich?
Und wer bist du?

Keine Angst, Mann!
Hast du noch nie
ein Pony gesehen?

Du bist ein Pony?
Du siehst aus wie ein
normales Pferd.

Klar doch. Aber fällt dir nichts an mir auf?
Nimm mal deinen komischen Stock.
Damit kannst du messen, wie groß ich bin.

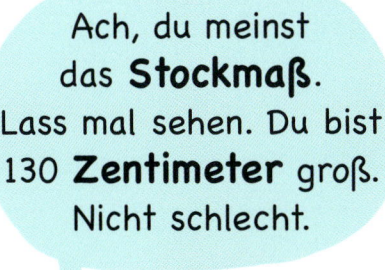

Ach, du meinst das **Stockmaß**. Lass mal sehen. Du bist 130 **Zentimeter** groß. Nicht schlecht.

Darf ich bei dir auch mal messen? Wow, 160 Zentimeter.

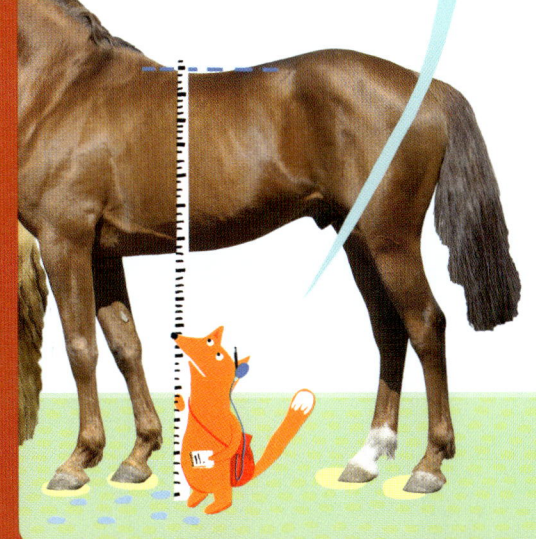

Komm mit. Ich stelle dir die anderen vor. Alles starke Freunde. Alle kleiner als 148 Zentimeter. Nur dann ist man nämlich ein echtes Pony.

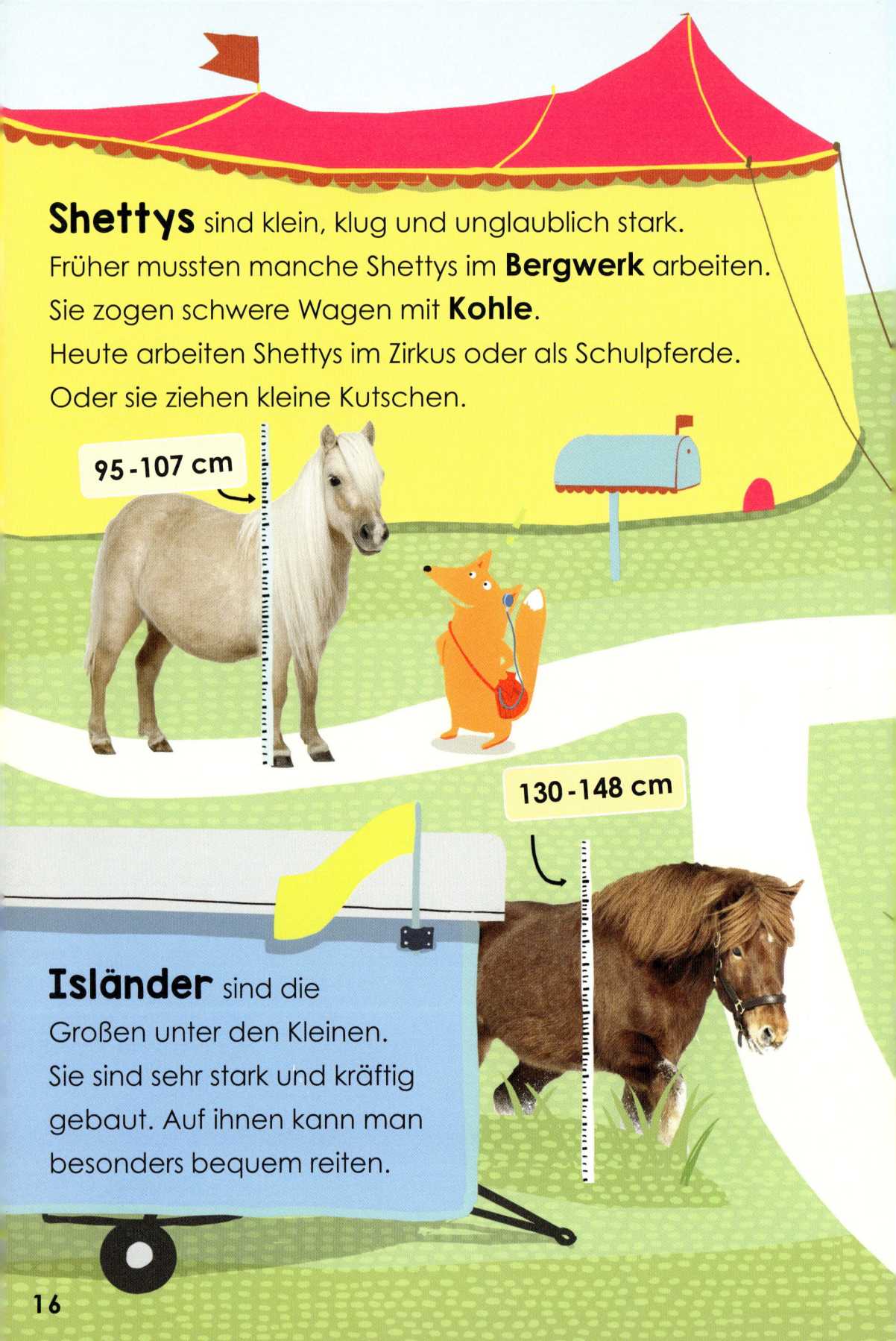

Shettys sind klein, klug und unglaublich stark.
Früher mussten manche Shettys im **Bergwerk** arbeiten.
Sie zogen schwere Wagen mit **Kohle**.
Heute arbeiten Shettys im Zirkus oder als Schulpferde.
Oder sie ziehen kleine Kutschen.

95-107 cm

130-148 cm

Isländer sind die
Großen unter den Kleinen.
Sie sind sehr stark und kräftig
gebaut. Auf ihnen kann man
besonders bequem reiten.

Falabellas sind die kleinsten Ponys der Welt.
Sie sind sehr schlau. Auf ihnen kann man nicht reiten.
Aber sie können lernen, blinde Menschen zu führen.

40 - 85 cm

Augen zu!
Ich führe dich.

Au ja. Bring mich
zum Pferdestall.

Besuch im Pferdestall

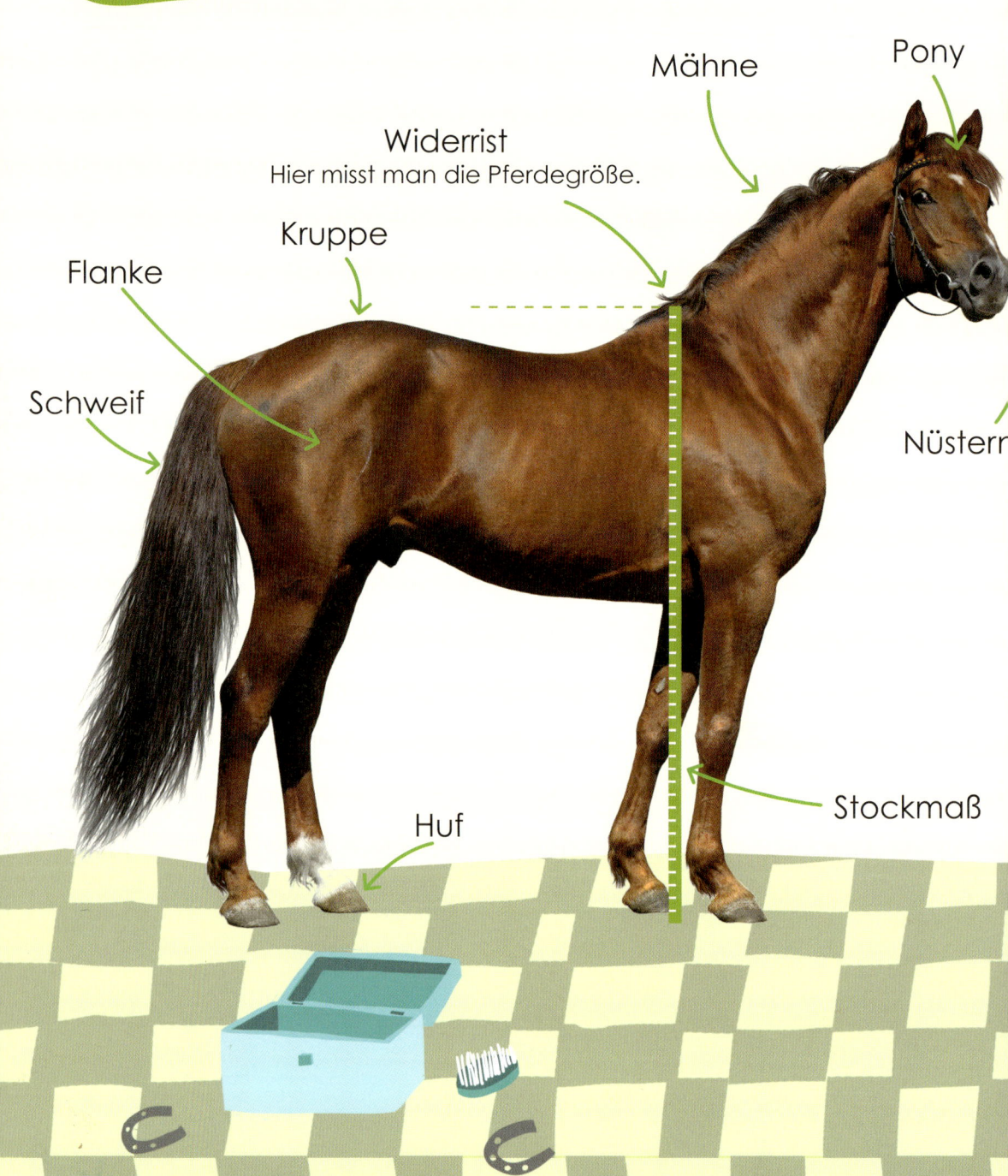

Mähne

Pony

Widerrist
Hier misst man die Pferdegröße.

Kruppe

Flanke

Schweif

Nüsterr

Huf

Stockmaß

Alle Pferde haben die gleiche **Körper-Temperatur**: 38 Grad Celsius. Menschen sind ein bisschen kälter.

Kaltblüter sind starke Typen. Sie haben Beine wie **Baumstämme** und einen großen Kopf. Sie lassen sich nicht schnell aus der Ruhe bringen. Früher mussten sie schwer arbeiten.
Sie zogen **Ackerwägen**, **Straßenbahnen** und sogar die **Feuerwehr**.

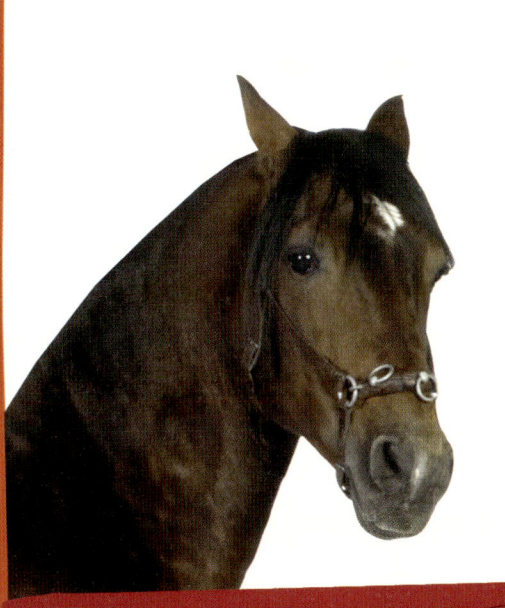

Warmblüter sind schlank und tolle Sportler. Weite Strecken, Springen, Dressur? Alles kein Problem für sie. Sie haben viel Geduld und lassen sich nicht leicht **stressen**.

Vollblüter stammen vom Araberpferd ab. Sie haben elegante Körper und lange, feine Köpfe. Sie sind die besten **Rennpferde**. Aber Vorsicht: Sie sind feurig und reizbar.

Was willst du?

Keine Sorge. Ich bin schon weg. Also: **Kaltblüter** sind stark. **Warmblüter** sind sportlich und **Vollblüter** werden schnell nervös.

In der Wüste Gobi

-40 Grad im Winter

Puh, hier ist es ja **extrem** kalt!

1

Die **Takhis** sind die letzten echten **Wildpferde** der Welt. Sie haben es nicht leicht. Es ist kalt in der Wüste Gobi. Und es gibt wenig zu fressen.

RUSSLAND

MONGOLAI
CHINA

WÜSTE
GOBI

2

Vor 50 Jahren starben die **Takhis** fast aus. Nur 12 Pferde überlebten und wurden in Zoos gebracht. Dort bekamen sie Fohlen.

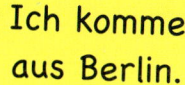
Ich komme aus Berlin.

3

HALLO!

Einige der Fohlen bekamen ein besonderes **Training**. Sie wurden fit für die Wüste gemacht.

4

Dann wurden die **Zootiere** in die Wüste geflogen. Tschüss, liebe Barca. Alles Gute! Du darfst jetzt wieder in die Freiheit.

Das war ja knapp. Hoffentlich können andere bedrohte Tiere auch so gerettet werden.

SUPER ZOO

5

Über 100 **Wildpferde** leben heute wieder ganz frei in der Wüste Gobi.

Cowboys und Indianer

Alles fing mit 16 Pferden an. Sie kamen mit dem Schiff aus Spanien. Dann flüchteten sie vor den Menschen in die Freiheit. Diese wilden Pferde nennt man Mustangs.

TEXAS / MEXICO

TEXAS

MEXICO

1

1519

2

1600 – 1700

Die Indianer trafen die wilden Mustangs. Es war Liebe auf den ersten Blick. Die Pferde ließen sich **zähmen** und gehörten schnell zur Familie.

Die Pferde der **Cowboys** haben eine wichtige Aufgabe.
Sie passen auf Tausende von Kühen auf.
Von morgens früh bis abends spät.

ab 1865

Heute

Die **Appaloosas** wurden von den Indianern gezüchtet. Vor 150 Jahren wären sie fast ausgestorben. Heute gehören sie zu den beliebtesten Pferden in den USA.

Ob mir solche Flecken wohl auch stehen?

Die falsche Rüstung

So, jetzt will ich endlich auch mal reiten. Meine Rüstung habe ich schon an.

Der Helm ist aber eng und **unbequem**.

LANZE

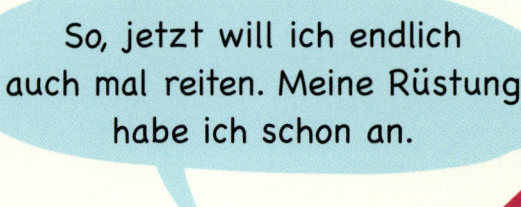

SCHILD

← 30 KG

Im **Mittelalter** war Reiten eine schwere Sache.
Jedenfalls für Ritter und ihre Pferde.
Allein die Rüstung der Ritter wog ungefähr so viel
wie ein **sechsjähriges** Kind.

Den Rittern wurde es in den Rüstungen oft sehr heiß.
Am schwersten war es für die Pferde.
Sie mussten alles tragen:

1. sich selbst

2. ihren Panzer

3. den Ritter

4. die Ritterrüstung

5. das Gepäck

Das macht schon was her, oder?

Mähnen-Panzer

Kruppen-Panzer

Brust-Panzer

Pferd und Reiter

Sehe ich nicht cool aus? Jetzt kann ich endlich reiten. **Schwing** dich in die Hufe, mein Lieber!

Vergiss es. Erst mal bin ich dran. Vor dem Reiten brauchen wir **Pflege**. Pass auf. Maya zeigt dir, wie es geht.

1

Als Erstes musst du dein Pferd **striegeln**. Bürste den Staub und lose Haare aus dem Fell. Das beruhigt dein Pferd.

Dann **befestigst** du das Zaumzeug am Kopf. Das nennt man **Auftrensen**. Das **Zaumzeug** hilft später beim Lenken.

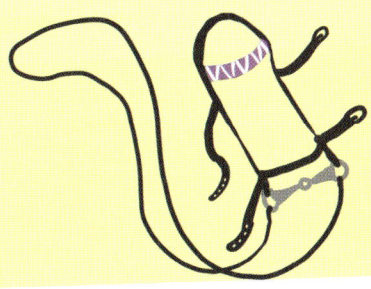

Am Schluss **sattelst** du dein Pferd. Erst kommt eine **Satteldecke** und dann der Sattel. So scheuert nichts auf dem Rücken.

Huch, das ist ja ganz schön hoch!

FUCHS

Los geht es mit **Schritt**.
Das ist der langsamste Gang.
Immer schön ein Huf nach
dem anderen.

Voll gemütlich
hier oben.

Aber Pferde können auch schneller.
Trab klingt gar nicht so schnell.
Aber das täuscht. Um neben einem
trabenden Pferd zu laufen, braucht
man schnelle Rollschuhe.

Hoppla!

Der schnellste Gang ist der **Galopp**.

Hier wird nicht mehr gelaufen, sondern gesprungen.

Einen Moment lang sind sogar alle Beine in der Luft.

Ein **galoppierendes** Pferd kann man auch mit dem

Fahrrad nicht einholen.

Hilfe! Stopp! Wie halte ich das Pferd an?

Man lenkt mit den Beinen, den Zügeln und dem Gewicht.
Das Wichtigste ist das Vertrauen zwischen Mensch und Pferd.
Lobe dein Pferd. Und zeig ihm, dass du es magst.

▷ Anreiten

Hände nach vorne, tief im Sattel sitzen, Beine an den **Pferdebauch** drücken.

◻ Anhalten

Leichte Drehung der Zügel nach innen und etwas ziehen. Wenn das Pferd steht, Zügel wieder locker lassen.

Bei der Polizei

Was willst du später werden?

Ich weiß noch nicht so genau. Meine Eltern sind **Reitpferde**. Mein Bruder springt bei **Turnieren**. Vielleicht gehe ich ja zur Polizei.

Echt? Zur Polizei? Was machst du denn da?

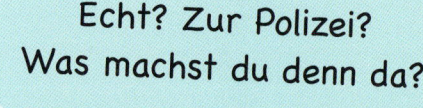

PRESSE

Komm mit.
Ich zeige es dir.
Wir gehen zu einem
Fußballspiel.

Kommst du?

Polizei? Fußball?
Jetzt verstehe ich
gar nichts mehr.

Am Wochenende ist Fußball

Polizeipferde haben einen aufregenden Beruf.

Polizisten reiten auf ihnen zu **Fußballspielen**.

Dort sorgen sie gemeinsam für Ordnung.

Pferde sind besser als Polizeiautos:

Sie kommen überall durch. Wenn nötig, sind sie sehr schnell.

Sie beruhigen Menschen.

Aber dafür müssen sie erst mal in die Schule gehen.

BAM!

Heute hatten wir eine Stunde Luftballons. Dann gleich eine Doppelstunde Knaller und Blechdosen. Das war ganz schön Stress für die Kleinen. Mich bringt so was ja nicht mehr aus der Ruhe.

PÄNG!

SCHEPPER!

Wieso wir das alles lernen müssen? Bei großen **Veranstaltungen** gibt es viel Krach und wenig Platz. Da muss man schön cool bleiben. Deswegen brauchen wir eine gute Schule. Als Anfänger geht man in eine Klasse mit älteren Pferden. Von ihnen lernt man: Ruhig bleiben! Nicht stressen lassen!

Das wird mir hier zu bunt!

Die Burg der tanzenden Pferde

Ich bin jetzt in Wien. Hier soll es tanzende Pferde geben. Das schaue ich mir an.

1

Seit 450 Jahren ist die Spanische **Hofreitschule** in der Hofburg zu Hause. Es ist die älteste Reitschule der Welt. Und sie ist die Nummer Eins für **Dressurkunst**. Hier lernen die Pferde elegante Schritte und tolle Sprünge.

2

Die **Hofreitschule** ist nicht nur eine Schule. In der Burg gibt es eine Tanzhalle für Pferde. Sie tanzen hier Ballett!

Die Pferde und ihre Bereiter gehen zusammen in die Schule. Die **Lipizzaner** sind im ersten Schuljahr meistens vier Jahre alt. Nach ungefähr sechs Jahren Schule sind sie echte Tanzkünstler.

Sag mal **Lipizzaner**! Toller Name, oder?

Was für ein Sprung! Es sieht aus, als ob das Pferd fliegt. Die **Kapriole** ist der **schwierigste** Sprung. Das kann man erst nach vielen Jahren Übung.

Die **Lipizzaner** im Ballett sind alle Schimmel. Aber es gibt auch ein paar braune Pferde. Das sind die **Glücksbringer** der Schule.

Schön! Gibt es auch **Glücks-Füchse**?

Turnen im Galopp

Hilfe!
Was machst du denn
da oben? Bitte fall
nicht runter.

Das bin ich

Name: **Romeo**

Alter: 10 Jahre

Rasse: Appaloosa

Stärken: Galopp-Profi

Ich liebe: Kinder und Musik

Belohnung: Bürsten und **Streicheln**

Lieber Fuchs,

komm doch mal zum Volti.

Das ist auf Pferden turnen. Es macht echt Spaß.

Ich mache das schon, seit ich vier bin.

Ich bin die Jüngste im **Voltigier-Team**.

Pia ist **sechzehn** und Anna ist vierzehn.

Die beiden sind sehr stark.

Sie halten mich, wenn wir Figuren machen.

Ich schwebe ganz oben.

Dann fühle ich mich, als ob ich fliege.

Romeo ist unser Pferd. Er ist so lieb.

Es dürfen aber immer höchstens

drei Kinder auf dem Pferd sein.

Sonst wären wir zu schwer für Romeo.

Bis bald. Und drück uns die Daumen, ja?

Liebe Grüße
Deine
Stella

Ich bin so gut. Ich habe den ganzen Brief gelesen. Toll, was Stella sich traut!

Bei Familie Hengst

Das ist meine Herde. Darf ich vorstellen? Mein Papa ist der einzige Hengst und der Stärkste. Es gibt mehrere Stuten. Die sind ziemlich cool. Eine davon ist meine Mama. Meine Geschwister und Freunde gehören natürlich auch zur Herde.

Ich werde morgen ein Jahr alt. Kommst du auch zu meinem Geburtstag?

Fohlen sind elf Monate im Bauch ihrer Mutter.
Die Geburt dauert nur etwa eine halbe Stunde.
Schon kurz danach kann das Fohlen aufstehen.
Pferde müssen bei Gefahr schnell weglaufen.
Deswegen üben sie das Laufen schon am ersten
Tag ihres Lebens.

Heuballen, Möhren, Haferkekse?
Na ja, vielleicht. Erst muss ich
noch das Pferde-Quiz machen.
Ich bin jetzt voll der Experte.

Einladung zum Geburtstag

Hallo, ich lade dich zu meinem 1. Geburtstag ein.
Wir gehen auf die Weide und machen Spiele:
Fangen und Verstecken
Über Hindernisse springen
Kinderreiten

Es gibt Heuballen, Graskuchen, Möhren und Haferkekse.
Sag mir bitte, ob du kommen kannst.

Dein

Das große Pferde-Quiz

LOS GEHT'S!

1. Pferderassen

Wer ist wer?

a Friese
b Marwari
c Appaloosa

2. In Ponyhausen

Welche Ponys arbeiten manchmal als Blindenführer?

a Falabellas
b Isländer
c Shettys

3. Besuch im Pferdestall

Was ist richtig?

a Warmblüter haben warmes Blut.
b Vollblüter haben sehr viel Blut.
c Kaltblüter sind sehr stark.

4. In der Wüste Gobi

Wofür werden einige der Wildpferde im Zoo wieder fit gemacht?

a Für ein Leben in Berlin
b Für ein Leben in Freiheit

5. Cowboys und Indianer

Was ist richtig?

a Die Indianer zähmten die wilden Pferde.
b Die Appaloosas wurden von den Cowboys gezüchtet.

6. Die falsche Rüstung

Wie viel wiegt die Rüstung eines Ritters?

a Ungefähr so viel wie ein sechsjähriges Kind
b Ungefähr so viel wie ein Pferd

7. Pferd und Reiter

Was passiert zuerst?
Bringe die Fotos in die richtige Reihenfolge.

10. Turnen im Galopp

Wie viele Kinder dürfen beim Voltigieren gleichzeitig auf dem Pferd sein?

a Zwei
b Drei
c Fünf

8. Bei der Polizei

Was müssen Polizeipferde alles können?

a Bei Stress ruhig bleiben
b Fußball spielen

11. Bei Familie Hengst

Wieso müssen Fohlen schon kurz nach der Geburt stehen können?

a Damit sie später bei Pferderennen mitmachen können.
b Damit sie bei Gefahr schnell weglaufen können.

9. Die Burg der tanzenden Pferde

Zu welchem Bild passt dieser Satz:
Wir sind die Glücksbringer der Schule.

Herzlichen Glückwunsch!
Du bist ein echter Pferde-Experte!

URKUNDE

Lese-FORSCHER PFERDE

NAME

Filu

Kennst du das schon?

Wie heiß ist Lava?

Wie macht man ein Lagerfeuer und wie löscht man es? Was ist ein Feuerfuchs? Und wie heiß ist Lava? Kommt mit auf Forscherreise!

- Für Leseanfänger
- Kurze Sätze, spannender Inhalt
- Mit vielen Bildern und Comics

Kathrin Köller, Julia Dürr
Feuer! Vulkane, Drachen und andere Feuerspucker
48 Seiten · Hardcover
ISBN 978-3-7641-5060-0

Trage deinen Namen auf der Urkunde ein.

Auf www.ueberreuter.de kannst du dir die Urkunde auch herunterladen.